A. E. Zwitzers und andere

Programm der städtischen höheren Mädchenschule

A. E. Zwitzers und andere

Programm der städtischen höheren Mädchenschule

ISBN/EAN: 9783743690455

Hergestellt in Europa, USA, Kanada, Australien, Japan

Cover: Foto ©Thomas Meinert / pixelio.de

Weitere Bücher finden Sie auf **www.hansebooks.com**

Programm

der

städtischen höheren Mädchenschule

in

Emden.

Ostern 1893.

Inhalt:

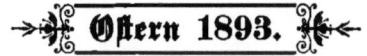

Emden.

Druck von Th. Hahn Wwe.

1893.

Einiges über das Wesen der Fabel
mit besonderer Berücksichtigung der Auffassung Lessings.

„Wir wollen weniger erhoben und fleißiger gelesen sein" kann heute schon auch von anderen Klassikern als Klopstock und von anderen Werken unserer Klassiker als dem Messias gelten. Ueber den verkürzten Klassiker= ausgaben, die sich zum Teil nicht einmal als verkürzt bezeichnen, vergessen wir wohl gar, was alles unsere klassischen Dichter geschrieben haben. — Gehören nicht Fabeln mit zu den Jugenderinnerungen jedes Gebildeten, und gehen sie nicht den Schulmann noch etwas näher an, sofern sie zum Lesestoff jeder Schule gehören? Pflegen nicht in dem letzten Teile der Lesebücher für unsere höheren Mädchenschulen ihrer etliche sich zu finden als Litteraturproben von verschiedener Herkunft und verschiedener Art, die zum Vergleichen heraus= fordern? Wer giebt uns da den rechten Maßstab an die Hand, wenn etwa der Leitfaden der Poetik uns zu kurz dünkt? Hat nicht Lessing eigene Ab= handlungen über die Fabel geschrieben, und sollte der nicht ein um so zuver= lässigerer Führer sein, als er, der scharfe Kritiker, zugleich Fabeldichter ist?

Auf die Frage nach den Erfordernissen einer guten Fabel erhielten wir zunächst in dem Anhang zum VI. Teil unseres Lesebuchs (von G. Wirth) die Antwort: „Sie erfordert Naturwahrheit und bestimmt ausgesprochene treffende Anwendung des individuellen Tierlebens auf menschliche Zustände. Sie hat zu handelnden Personen meistens Tiere, weil deren allgemein bekannte und unveränderliche Charaktere dem Zweck (welchem?) der Fabel am meisten entsprechen." Aehnlich, nur genauer lautete es in dem der Form nach knappen, dem Inhalt nach durchweg zuverlässigen Leitfaden der Metrik und Poetik („Deutsche Dichtung") des Dir. Dr. Buchner, meinem gewöhnlichen Ratgeber: „Die Fabel ist eine erdichtete Geschichte aus dem Leben der Tiere, welche erzählt wird, um eine Sittenlehre oder Lebensregel daraus herzuleiten. Der Dichter muß dabei, wenn er gleich den auftretenden Tieren Sprache und Denkkraft verleiht, die allgemein bekannten Eigentümlichkeiten derselben inne= halten."

Die Nachfrage an den obigen beiden Stellen ist auch für unsern heutigen Zweck kein Abweg, da beide uns, wie wir bald sehen werden, auf Lessing hin= weisen. — Die eine Erklärung läßt vermuten, die andere erwarten, daß die Begriffe Fabel und Tierfabel sich so gut wie decken. Das trifft für die uns unbekannte Zeit ihres Ursprungs ohne Zweifel zu, nicht mehr für die uns be= kannte Wirklichkeit. In der Sammlung des Aesop*), die Lessing als Kanon be= handelt, sind immerhin ²/₃ Tierfabeln, unter den eigenen in Prosa verfaßten Fa= beln Lessings — die Gruppen unter der Ueberschrift „Der Rangstreit der Tiere", „Die Wohlthaten" und „Die Geschichte des alten Wolfs" im 3. Buche nur als einzelne Fabeln angesehen — sogar ⁷/₈. In beiden Sammlungen steigt der Fabeldichter auch zur Menschen=, ja zur Götterwelt hinauf, sowie zur Pflanzenwelt und ausnahmsweise einmal Lessing zur Welt des Unorganischen („Der Springer im Schach" I., 29) hinab.

Fragt man nach dem Grunde dieses Vorzugs der Tiere, so nimmt heute die geschichtliche Betrachtung, auf so gute Autoritäten wie J. Grimm und W. Wackernagel („Poetik" 1888) gestützt, durchgehends, trotz Gervinus, als Thatsache an, daß die Fabel ein Kind der Tiersage ist. Die fernere Frage aber, warum die Tiere die bevorzugten handelnden Wesen auch dann noch blieben, als die epische Tiersage zur didaktischen Tierfabel umgestaltet war, findet in Lessings zweiter Abhandlung zutreffende Beantwortung. Er findet „die wahre Ursache, warum der Fabulist die Tiere oft zu seiner Absicht be= quemer findet als die Menschen" in der „allgemein bekannten Beständheit der Charaktere". „Man hört", sagt er, „Britannicus und Nero. Wie viele wissen, was sie hören? Wer war dieser, wer jener? In welchem Verhältnisse stehen sie gegen einander? Aber man hört: der Wolf und das Lamm; sogleich weiß jeder, was er hört, und weiß, wie sich das eine zu dem andern verhält. . . . Man setze in die Fabel von dem Wolfe und dem Lamm anstatt des Wolfes den Nero, anstatt des Lammes den Britannicus, und die Fabel hat auf ein= mal alles verloren, was sie zu einer Fabel für das ganze menschliche Geschlecht macht. Aber man setze anstatt des Lammes und des Wolfes den Riesen und den Zwerg. und sie verliert schon weniger; denn auch der Riese und der Zwerg sind Individuen, deren Charakter ohne weitere Hinzuthuung ziemlich aus der Benennung erhellt."

Das ist wohl eben so verständlich wie einleuchtend. Je größeres Ge= wicht nun diesem Grunde beigelegt wird, um so dringender wird, trotz Lessings Einwendungen, dem Fabeldichter die Gabe sinniger Naturbetrachtung zu wün= schen sein; falls aber diese natürliche Begabung ihm abgeht, wird er sich der Mühe unterziehen müssen, die Werke der Naturforscher, sowie die alte echte

---

*) Wir haben im folgenden die deutsche Ausgabe von Dr. W. Binder vor Augen, der in seiner Einleitung, der Uebersetzung und den Anmerkungen sich durchweg auf die alte Schulausgabe von J. D. Büchling stützt, ohne sie freilich zu erwähnen.

Tiersage darauf anzusehen, welche Charakterzüge den für die Fabel zu verwendenden Tieren eignen, wenn anders er nicht Gefahr laufen will, als Dichter unwahr zu sein und uns über Verhältnisse des Menschenlebens auf Kosten unseres billigen Verhältnisses zur Tierwelt zu belehren.

Wie reich und interessant auf dem angegebenen Wege die Ausbeute werden kann, möge das Beispiel der Charakteristik des Fuchses zeigen, welches J. Grimm der Einleitung zu seinem „Reinhart Fuchs" (neben der des Wolfes) eingefügt hat. „Der Fuchs, behend und geschmeidig, aber nicht stark, geht mit Listen um; er wohnt in Gruben, die er sich da aussucht, wo er ungestört zu hausen hofft; er ersieht sich gern alte Fuchshöhlen oder Löcher des Kaninchens, das er daraus verjagt; diese Gruben führt er frisch aus, säubert und hält sie sehr reinlich. Bald macht er sich im Umkreis seiner Wohnung die ganze Gegend auf ziemliche Weite bekannt und erspäht Flecken, Dörfer, einzelne Häuser, in welchen er Federvieh wittert. Sachte, fast spurlos schleicht er über den weichen Boden, ist stets vorsichtig, verständig, geduldig und mißtrauisch; er unterscheidet Wege, wo die Ruhe herrscht, von denen, wo man Lärm hört und Hundegebell. Er hat dieselbe Neigung nach Raub, die den Wolf bezwingt, aber er weiß sie zurückzuhalten und gelegenere Augenblicke abzuwarten; seine Lebensart, sein Geschäft macht ihn verwickelterer Betrachtungen fähig als den Wolf. In neuer Lage versteht er immer neue Mittel zu ersinnen und innere Gewohnheit und Lust im Zaum zu halten; selten läßt er sich hinreißen. Nachdem er sich still und leise seiner Beute genahet hat, springt er schnell und leise auf sie los. Er sammelt sich Nahrung im Vorrat und kriecht damit zu Baue. Er geht stets die Nase gegen den Wind, kennt Schlupfwinkel, Hecken und rettende Auswege; alle Umstände einer früheren Gefahr hält er seinem Gedächtnis eingeprägt. Neuen Gegenständen nähert er sich scheu und langsam, jeder Schritt ist ihm verdächtig; nur mit ihm unbekannter Lockspeise mag er gefangen werden; hat er sie einmal erfahren, so ist nichts weiter damit gegen ihn auszurichten; er hat Witterung vom Eisen und weiß die Speisen geschickt von der Falle, ohne daß es ihm schadet, wegzunehmen. Wird das Getreide lang, so führt er seine Jungen gern hinein. Ihm ist große Ausharrungskraft eigen; in seinem Bau überfallen und belagert, steht er lieber den grausamsten Hunger aus, als daß er hervorkäme — manchmal wochenlang, nur Todesnot zwingt ihn endlich. Mit seinen Nägeln gräbt er neue Ausgänge, dem Jäger zu entrinnen. Sind die Nachstellungen zu häufig, so entweicht er aus dem Land und findet sich eine andere entfernte Wohnstätte. Auf der Flucht sucht er das engste Dickicht; merkt er, daß Jäger vor ihm auf dem Anstand sind, so läuft er nicht ihnen vorbei, sondern thut alles, um auszuweichen; oft ist er dreimal über neunfüßige Mauern gesprungen. Sein Geruch ist scharf; wo er sonst Wildpret weiß, meidet er Menschen und Dörfer, so gern er Hühnerfleisch ist, wegen der größeren Gefahr.

Bloß für ihre Jungen wagen sich Fuchs und Füchsin; heftige Liebe besiegt dann alle ihre Vorsicht. Diese Tiere, von Jugend auf an Blut gewöhnt, erweisen sich auf das zärtlichste gegen Weibchen und Kinder."

Natürlich ist nicht zu verlangen, daß eine Fabel eine bestimmte Anzahl solcher Züge enthalte; wohl aber ist mindestens zu wünschen, daß das Tierbild der Fabel nicht gegen das Bild der Erfahrung verstoße. Daß Lessing diese Rücksicht nicht außer Acht gelassen hat, zeigen die häufig seinen Fabeln vorgesetzten Berufungen auf die Sammlung von Tiergeschichten des Aelian; ob er sich damit dem zuverläßigsten Führer anvertraut habe, mag ihm für seine Zwecke wenig Sorge gemacht haben. Von dem Charakterzuge, der z. B. dem Löwen gleich bei seinem ersten Auftreten (I., 3) zugeschrieben wird, weiß Brehm in seinem großen „Tierleben" freilich nichts. Der Hamster (I., 2) ist richtig, aber nur nach seiner bösen Seite gezeichnet; weil dem Dichter der eine Zug für seinen besonderen Zweck genügte, erfahren wir nicht nebenbei, daß der Hamster das tapferste unter den kleineren Säugetieren ist, und daß er durch Vertilgung von Mäusen, Blindschleichen, Ringelnattern u. s. w., die er Pflanzenstoffen sogar vorzieht, die sich freilich nicht gut aufspeichern lassen, sich den Menschen auch dienstbar erweist, und es könnte sich vom didaktischen Gesichtspunkte aus fragen, ob der Mangel, der dieser einseitigen Vorstellung anhaftet, durch den Wert der Moral aufgewogen wird. Daß dagegen die fliegenden Katzen so wenig wie etwa die Flughunde und Flugfüchse sich von Mäusen oder gar Fledermäusen nähren, wie in III., 23 vorausgesetzt wird, mag zu der Andeutung genügen, daß die naturgeschichtliche Grundlage der Lessing'schen Fabeln stellenweise zu wünschen übrig läßt.

Beruht der Hauptgrund des Vorzugs, den die Tiere in der Fabel genießen, auf „der allgemein bekannten Beständheit der Charaktere", so folgt daraus weiter, daß nicht alle Tiere gleich gut für die Fabel passen. „Vorerst", meint J. Grimm a. a. O., „scheinen die kleinen Tiere für die Fabel minder geeignet, weil sie nicht hinreichende Eigentümlichkeiten besitzen, die sich auffassen und anschaulich machen ließen. Inzwischen dürfen sie, z. B. die Grille oder Ameise, mit Erfolg Nebenrollen übernehmen. Dann aber stehen für die Verwendung der Tierfabel schon darin den Säugetieren die Vögel nach, daß sie uns weniger gleichen und durch ihr Flugvermögen aus der Reihe treten, in die wir mit jenen gestellt sind.... Endlich aber wird zugestanden werden müssen, daß auch von den vierfüßigen Tieren vorzugsweise die größeren einheimischen für die Fabel angemessen sind. Fremde Tiere liegen der anschauenden Phantasie zu fern, und sie bleibt unberührt von ihnen; es wäre höchst unschicklich, in unserer Tierfabel dem Elefant oder Kamel irgend einen bedeutenden Platz zu überweisen. Haustiere sind es und die Bewohner unserer Wälder, welche für die Fabel geschaffen scheinen, mit Zuziehung einiger vertrauteren Vögel, des Hahns, Sperlings, der Lerche, wogegen das übrige große und wilde Geflügel entbehrt werden mag. Unter den Haustieren selbst aber finden wir diejenigen, welche sich gänzlich in menschliche Dienstbarkeit ergeben haben, den Ochsen, Hund und das Pferd ausgeschlossen oder nur in beschränkter Weise auftretend: sie sind allzu zahm und prosaisch geworden." So im 1. Kap. „Wesen der Tierfabel"; das 2. „Träger der Tierfabel", stellt als noch engeres Ergebnis an die Spitze: „Die klassischen Tiere der Fabel sind der Fuchs und der Wolf; es wäre geradezu unmöglich, zwei andere an ihre Stelle zu setzen, die gleich vortrefflich alle Erfordernisse der Fabel erfüllen könnten. Auch ist ihre Berechtigung dazu langverjährt und unbestritten. Bei Aesop und Phädrus ragen unter allen Erzählungen sichtbar die von dem Fuchs und Wolf hervor, und der Fuchs zumal ist schon die Seele der alten Apologe."

Auch das hat Lessing zwar nicht theoretisch in seinen Abhandlungen ausgeführt, wohl aber mit klarem Blick dem Aesop entnommen oder auch stillschweigend aus jenem Vorbersatz von der „allgemein bekannten Bestandheit der Charaktere" der Tiere gefolgert. Tritt in 120 Tierfabeln des Aesop der Fuchs 21 mal auf, wogegen der Löwe 11, Wolf, Hund und Esel je 10, der Bär freilich nur 1 mal, so spielt in den 63 in Prosa geschriebenen Tierfabeln Lessings der Fuchs 8 mal, Wolf und Esel je 5 mal, der Hirsch 4, Löwe, Pferd und Schaf je 3, der Bär wieder nur 1 mal eine Rolle; gegen Vögel hegt Lessing keine Abneigung: kommt doch die Nachtigall 5 mal, der Pfau und der Rabe je 3 mal, der Adler 2 mal vor, und neben Hahn und Henne, Sperling und Lerche müssen auch — abgesehen von den in anderem Sinne fabelhaften: Pelikan, Phönix und Merops — Strauß und Eule, Storch und Gans, Habicht, Schwalbe und Krähe gelegentlich eine Rolle übernehmen.

Sollte übrigens jemand meinen, jene Charakterbestimmtheit sei noch nicht alles, was sich für die Verwendung der Tiere in der Fabel anführen lasse, so ist das auch Lessings eigene Meinung. Zum Schlusse erwähnt er noch eines Nutzens, „auf welchen" — sagt er — „ich vielleicht durch Schlüsse nie gekommen wäre, wenn mich nicht mein Gefühl darauf gebracht hätte. Die Fabel hat unsere klare und lebendige Erkenntnis eines moralischen Satzes zur Absicht. Nichts verdunkelt unsere Erkenntnis mehr als die Leidenschaften. Folglich muß der Fabulist die Erregung der Leidenschaften so viel als möglich vermeiden. Wie kann er aber anders z. B. die Erregung des Mitleids vermeiden, als wenn er die Gegenstände desselben unvollkommner macht und anstatt der Menschen Tiere oder noch geringere Geschöpfe annimmt. Man erinnere sich noch einmal der Fabel vom Wolfe und Lamme, wie sie oben in die Fabel (eigentlich Parabel*) von dem Priester und dem armen Manne ver-

---

*) Hier ist sie: Ein Priester kam zu dem armen Manne des Propheten (2. Sam. 12) und sagte: Bringe dein weißes Lamm vor den Altar, denn die Götter fordern ein Opfer. Der Arme erwiderte: Mein Nachbar hat eine zahlreiche Herde, und ich habe nur das einzige Lamm. Du hast aber den Göttern ein Gelübde gethan, versetzte jener, weil sie deine Felder

wandelt worden. „Kommt es mir nur so vor", fährt Lessing fort, „oder ist es wirklich wahr, daß wir mit dem armen Manne viel zu viel Mitleiden haben und gegen den Priester viel zu viel Unwillen empfinden, als daß die Erkennt= nis des moralischen Satzes hier eben so klar sein könnte, als sie dort (bei der Fabel von dem Wolfe und Lamme) ist?"

Auch hier wird man Lessing beipflichten mit der geringen Einschränkung etwa, oder vielmehr mit der Folgerung, daß ein Redner, dem eben daran liegt, ein kräftiges Mitleid auf der einen, einen kräftigen Unwillen auf der andern Seite zu erregen, um zu einem starken Willensentschluß zu spornen, in der Regel nicht den Umweg durch den Kopf zum Herzen wählen wird, wie denn der Prophet Nathan wohl mit gutem Bedacht die Parabel der Fabel im en= geren Sinne vorzog.

Ob es nun in Lessings Absicht gelegen hat, uns noch einen weiteren Grund für die Tierfabel an die Hand zu geben, mag dahin gestellt bleiben; genug, daß er ihn uns so nahe gelegt, daß wir ihn gar nicht übersehen können. Nach dem vorhin Angedeuteten würden sich menschliche Individuen, auch wenn es geschichtlich bekannte Persönlichkeiten wären, nicht wohl zu handelnden Per= sonen in Fabeln eignen, die auf Gemeinverständlichkeit Anspruch machen; wohin aber würde es führen, wenn ganze Stände als Vertreter guter oder böser Eigenschaften in die Fabel eingeführt werden sollten in der Weise, wie oben der Priester als Verkörperung der Habsucht galt? Das einzige Beispiel dieser Art bei Aesop (Fab. 103) möge als Antwort dienen: „Zeus trug dem Hermes auf, sämtlichen Handwerkern einen Lügentrunk einzuschenken. Hermes bereitete einen solchen, machte gleiche Teile und schenkte einem jeden ein. Als allein noch der Schuster übrig, von dem Tranke aber noch viel Vorrat da war, nahm er den ganzen Mischkrug und goß ihn für diesen in einen Becher. Daher ist es gekommen, daß alle Handwerksleute lügen, am ärgsten aber die Schuster."

Soll also — um mit den Vorzügen der besondern Form der Tier= fabel abzuschließen — in der Fabel ein moralischer Satz (im weitesten Sinne des Wortes, Klugheitsregeln mit eingeschlossen) uns auf dem Wege der Er= zählung („Geschichte") nahe gebracht werden, ist aber die Verwendung mensch= licher Helden nicht ohne Bedenken, und will man anderseits gelten lassen, was Grimm a. a. O. S. IX. sagt: „Das bloße Märchen kann ganz tote Gegen= stände, wie Stühle, Bänke, Kohlen handelnd und redend einführen; aus jener (der Fabel, zunächst im Sinne der epischen Tierfabel) müssen sie geschieden bleiben, weil ihnen alle natürliche Lebensthätigkeit, die ihr beizumischen wäre, abgeht; Pflanzen, Bäume, deren Leben wiederum sich zu unmerkbar äußert,

gesegnet. Ich habe kein Feld, war die Antwort. Nun, so war es damals, als sie deinen Sohn von seiner Krankheit genesen ließen. O, sagte der Arme, die Götter haben ihn selbst zum Opfer hingenommen. Gottloser! zürnte der Priester, du lästerst! und riß das Lamm aus seinem Schoße.

als daß sie wirksam sein könnten, taugen ihr ebensowenig" — so sind die Tiere unsere natürlichsten Lehrmeister. So faßte denn auch Luther — von der allgemeinen Voraussetzung aus, daß wir nicht gern direkt uns lehren und mahnen lassen — die Sache auf in der Vorrede zu seinem Fabelbüchlein: „Darum (weil nämlich die Menschen von keinem Weisen die Wahrheit leiden wollen, „ja alle Welt die Wahrheit hasset, wenn sie einen trifft") haben solche weise hohe Leute die Fabeln erdichtet und lassen ein Tier mit dem andern reden, als sollten sie sagen: Wohlan, es will niemand die Wahrheit hören und leiden, und man kann doch der Wahrheit nicht entbehren, so wollen wir sie schmücken und unter einer lustigen Lügenfarbe und lieblichen Fabeln kleiden, und weil man sie nicht will hören durch Menschen Mund, daß man sie doch höre durch Tiere und Bestien Mund. So geschiehts denn, wenn man die Fabeln lieset, daß ein Tier dem andern, ein Wolf dem andern die Wahrheit sagt, ja zuweilen der gemalete Wolf oder Bär oder Löwe im Buch dem rechten zweifüßigen Wolf oder Löwen einen guten Text heimlich lieset, den ihnen sonst kein Prediger, Freund und Feind lesen durfte."

Ist es hiernach dem Fabulisten zwar unbenommen, einmal höher hinauf-zusteigen bis zu den (heidnischen) Göttern oder tiefer hinab selbst bis zu leb-losen Gegenständen, so kommt doch den Tieren als Trägern der Handlung in der Fabel entschieden der Vorzug zu, und in dieser Hinsicht unterscheidet sich Lessing nach Theorie und Praxis nicht von früheren und späteren Fabel-dichtern. In Bezug auf eine andere nicht so durchweg feststehende Eigenschaft der Fabel nimmt Lessing eine sehr bestimmte Stellung ein. Buchner's Büch-lein sagt davon: „Die neuere deutsche Fabel läßt sich einteilen a. in die knappe, kurz und verständig auf den Lehrzweck hinstrebende sog. äsopische Fabel; sie ist in Prosa nachgebildet von Lessing, in dichterischer Form von Gleim, Pfeffel, Lichtwer u. a.; b. in die breiter ausgeführte, scherzhaft erzählende Fabel des Franzosen Lafontaine, nachgebildet durch Hagedorn, Gellert u. a." Diese seine Stellung hat Lessing in seiner IV. Abhandlung über den „Vortrag der Fa-beln", welche auf die I. „von dem Wesen der Fabel" zurückweist, eingehend begründet. Wesen und Bestimmung der Fabel faßt er in die bekannten Worte zusammen: „Wenn wir einen allgemeinen moralischen Satz auf einen besondern Fall zurückführen, diesem besondern Falle die Wirklichkeit erteilen und eine Geschichte daraus dichten, in welcher man den allgemeinen Satz anschauend erkennt, so heißt diese Erdichtung eine Fabel." Schon vorher sagt er: „In der Fabel wird nicht jede Wahrheit, sondern ein allgemeiner moralischer Satz ... nicht versteckt oder verkleidet, sondern so zurückgeführt, daß ich diesen an-schauend darin erkenne", und noch früher: „Der Fabulist hat mit unsern Leidenschaften (im Sinne von Gefühlserregungen) nichts zu thun, sondern allein mit unserer Erkenntnis." Sind wir hiernach geneigt zu fragen: Gehört denn die Fabel nicht in das Gebiet der Poesie, wendet sich diese nicht zunächst und zumeist an unſer Gefühl, und muß das nicht ohnehin die Fabel thun, wenn ſie uns ſittlich beeinfluſſen will? ſo darf wohl zuerſt daran erinnert werden, daß es nach der Wolff'ſchen Philoſophie, unter deren Einfluß auch Leſſing ſtand, genügt, das Gute und Rechte als ſolches zu erkennen, um ſich dafür zu entſcheiden, ſo daß, wer uns für die Tugend gewinnen und vom Unrecht zurückhalten will, er ſei nun Redner oder Dichter, uns nur zu einer klaren Einſicht zu verhelfen nötig hat. Was aber den erſten Teil der Frage be= trifft, ſo antwortet Leſſing ſelbſt darauf ausdrücklich, daß die Fabel urſprüng= lich zu dem Gebiete der Philoſophie gehörte, ſpäter von der Rhetorik in An= ſpruch genommen wurde, und daß es erſt Lafontaine und ſeinen Nachahmern vorbehalten war, ſie zu einem poetiſchen Kinderſpiel zu machen. Daß bei dieſem geſchichtlichen Ueberblick, wie auch bei der eingehenderen Kritik ſeiner Vorgänger in Abhandlung I., die ältere deutſche Fabel nicht berückſichtigt iſt, mag nur vorläufig erwähnt werden.

Gleichwohl hat Leſſing ſelbſt etliche Fabeln gedichtet, die darum nicht ſchlechter ſind, weil er ſie in wohlklingende Verſe gefaßt hat. Jenem philo= ſophiſchen Standpunkt gemäß urteilt er zwar ſehr ſtreng: „Wenn ich mir einer moraliſchen Wahrheit durch die Fabel bewußt werden ſoll, ſo muß ich die Fabel auf einmal überſehen können, und um ſie auf einmal überſehen zu können, muß ſie ſo kurz als möglich ſein. Alle Zierraten aber ſind dieſer Kürze entgegen, denn ohne ſie würde ſie noch kürzer ſein können; folglich ſtreiten alle Zierraten, inſofern ſie leere Verlängerungen ſind, mit der Abſicht der Fabel", und in dieſem Sinne ſind ſämtliche in Proſa geſchriebene Fabeln Leſſings gehalten. Doch ſchon die bloße Thatſache, daß er auch Fabeln in gebundener Form dichtete, beweiſt, daß er nicht von vornherein gegen eine auch das Gefühl unmittelbar anſprechende Form der Fabel eingenommen iſt; wogegen er eifert, iſt der eitle Flitter, womit Franzoſen ihre Fabeln aufgeputzt haben. Davon ſchreibt er ironiſch: „Man muß nicht ſchlechtweg z. B. ein Fuchs ſagen, ſondern man muß ſein ſagen:

„Un vieux Renard, mais des plus fins,
Grand croqueur de poulets, grand preneur de lapins,
Sentant son Renard d'une lieue etc."

Wer wollte leugnen, daß Gellert dieſe Manier nur gar zu gut nachzu= ahmen verſteht; ſo hebt „Das Pferd und die Bremſe" an:

„Ein Gaul, der Schmuck von weißen Pferden,
Von Schenkeln leicht, ſchön von Geſtalt,
Und wie ein Menſch ſtolz in Geberden,
Trug ſeinen Herrn durch einen Wald u. ſ. w."

Etwas anderes als dieſer geſuchte Aufputz iſt die gemütliche Breite, in welcher unſere älteren Fabeldichter erzählen. Die Fabel „von der Stadt= und Feldmaus", die Luther noch in 25 Druckzeilen (Ausgabe v. Fr. Perthes), etwa

1½ mal so viel Verszeilen entsprechend, faßt, füllt bei Boner (Ausgabe von Franz Pfeiffer) 72, bei Hans Sachs (Gödeke, 11 Bücher deutscher Dichtung) 125, bei Erasmus Alberus (ib.) ohne die Moral 114, bei Burchard Waldis (ib.) 120, bei Rollenhagen (ib.) gar 269 Verse. Auch diese epische Breite hat natürlich ihre billigen Grenzen, die von den eben genannten Dichtern wohl Boner am besten einzuhalten gewußt hat; nimmt doch in diesem Falle bei H. Sachs die Moral allein schon über 40 Verse ein, und schon der Stricker läßt in seiner Fabel „Der Wolf und die Gänse" auf 120 Verse Erzählung 34 Verse Anwendung folgen.

Das führt uns auf Inhalt und Form der Moral. Den Begriff eines „allgemeinen moralischen Satzes" hat Lessing nicht näher erklärt. Er würde, nach seinen eigenen Fabeln zu schließen, vermutlich nichts dagegen gehabt haben, daß man das „moralisch" mit J. Grimm im weitesten Sinne mit Ein= schluß jeder Vorschrift praktischer Lebensweisheit, das „allgemein" aber mit Gervinus im Sinne von gemeingültig faßt. „Das gerade", sagt dieser, „ist ja der außerordentliche Wert der in der Fabel aller Zeiten vorherrschenden Moral, daß sie frei von jedem Religiös=Dogmatischen und National=Beschränkten die allgemein gültige Regel der Sitte und des Verkehrs aufstellt, und dies Aus= dauernde, was sich im äußersten Osten sowohl wie im äußersten Westen durch Jahrtausende bewährt hat, muß man doch wohl das Wesen der Fabel nennen, während das poetische Kleid, in dem sie erscheint, vielfach die Farbe der Zeiten und Völker getragen und gewechselt hat." — Hiernach ist man geneigt zu er= warten, es werde die Moral der Fabel, wenn sie zu besonderem Ausdruck ge= langt, nach Inhalt und Form von dem auch allen Zeiten und Völkern eigenen Sprichwort nicht weit abstehen. In der That kommt gar manche Moral der äsopischen Fabeln dem Sinne nach einem bekannten Sprichwort so nahe, daß man sie ohne weiteres in ein solches umwandeln könnte. Die Fabel zu Nr. 19 („Die Frösche") lehrt, „daß man nicht unüberlegt an seine Geschäfte gehen soll", d. h. etwa: erst wägen, dann wagen; die zu Nr. 17 („Die Fischer") „daß, was die Kunst (oder auch Klugheit, Geschick) nicht gewährte, gar oft das Glück beschert", d. h. unverhofft kommt oft; die zu Nr. 3 („Die Nachtigall und der Habicht") „daß es auch unter den Menschen solche Unverständige giebt, die in der Hoffnung auf mehreres Ungewisse das, was sie schon in Händen haben, wieder fahren lassen", d. h. besser ein Sperling in der Hand als zehn auf dem Dache; die zu Nr. 9 („Der Fuchs und das Krokodil"), „daß die Lügner ihre Widerlegung in ihren Handlungen finden", d. h. Lügen haben kurze Beine u. s. w. In diesen und vielen anderen Fällen fehlt zum Sprich= wort nichts als die knappe Form. Von unseren älteren Fabeldichtern liebt es namentlich Boner, seiner Moral auch die Spruchform zu geben. Seine Fabel (15) „von einer veltmûs und einer statmûs" schließt z. B. mit folgenden Sätzen: „daz richste leben, daz man hât, ist der in armuot vroelîch stât. armuot ist âne sorge gar, der rîch nimt manger sorgen war. sô der arme ruowet wol, so ist der rîche sorgen vol. der arme ist sicher zaller stunt, der rîche ûz vorchten niemer kunt (für kumt). der arme slâft in sicherheit, der rîche wacht in erebeit. wie mag diu wollust werden guot, dâ vorcht und sorg betrüebt den muot? ân vorcht ein kleine bezzer ist denn vil mit vorchte, wizze Krist!"

Gegen einen einzigen kurzen Spruch würde nun Lessing gewiß nichts einzuwenden haben. Gleichwohl lassen sich wenige seiner Fabeln auf ein Sprich= wort zurückführen; dafür nehmen sie sich gewissermaßen zu vornehm aus. Dem weniger volksthümlichen Epigramm nahe verwandt, richten sich manche mit satirischer Spitze gegen einzelne nicht eben zahlreiche Gruppen von Menschen: kleine Philosophen, Gelehrte, Dichter, Redner. Mit etlichen scheint es auf die Modifikation eines bekannten Sprichwortes abgesehen zu sein, so I., 7 (Gleich und Gleich gesellt sich gern), II., 3 (Undank ist der Welt Lohn) u. a. m. — Auf jeden Fall sind, was die Form der Moral betrifft, viel Worte für einen Hauptgedanken nicht nach Lessings Geschmack. „Es muß", sagt er, „gar keine Mühe kosten, die Lehre in der Fabel zu erkennen; es müßte vielmehr, wenn ich so reden darf, Mühe und Zwang kosten, sie nicht darin zu erkennen." — Wenn es sich denn so verhält, müßte es ja eigentlich überflüssig sein, der Fabel die Moral noch eigens hinzuzufügen. In der That hat es Lessing auch in der Regel unterlassen; nur einmal, in der Fabel „Der Knabe und die Schlange" (II., 3) wird die Moral direkt, freilich durch den Mund einer hinzukommenden dritten Person, ausgesprochen; ein paar Mal ist sie in Gestalt dessen, was Lessing eine zusammengesetzte Fabel nennt, oder durch den bloßen Anlauf dazu („Schriftsteller meiner Nation — muß ich mich noch deutlicher erklären?" I., 6) angedeutet; sonst pflegen die Tiere, auch im übrigen wenig begabte Tiere, zwar nicht naiv, aber so verständlich zu sprechen, daß ein Mißverständnis kaum zu befürchten ist. Ein Beispiel für viele: unter der Ueberschrift „Die Eiche und das Schwein" (I., 15) wird erzählt: „Ein gefräßiges Schwein mästete sich unter einer hohen Eiche mit der herabgefallenen Frucht. Indem es die eine Eichel zerbiß, verschluckte es bereits die andere mit dem Auge. Undankbares Vieh! rief endlich der Eichbaum herab. Du nährst dich von meinen Früchten, ohne einen einzigen dankbaren Blick auf mich in die Höhe zu richten. Das Schwein hielt einen Augenblick inne und grunzte zur Antwort: Meine dank= baren Blicke sollten nicht außen bleiben, wenn ich nur wüßte, daß du deine Eicheln meinetwegen hättest fallen lassen."

Immerhin ist von mehreren Sentenzen unter sich ähnlichen Inhalts der Weg nicht weit zu einer Mehrzahl von Sätzen verschiedenen Sinnes. So setzt Luther unter eben die Fabel von der Stadt= und der Feldmaus zwei Erfah= rungssätze: „In großen Wassern fähet man große Fische, aber in kleinen Wassern fähet man gute Fischlein" und „Wer reich ist, hat viel Neider, Sorge, Fahr", von denen uns der letzte näherbei zu liegen scheint, als der erste. Die

Frage, ob es gestattet sei, eine Fabel so nach verschiedenen Seiten auszubeuten, würde Lessing entschieden verneinen; er fordert nachdrücklich Einheit des moralischen Satzes.

Hiernach versteht es sich von selbst — wenn die Moral gewissermaßen die Spitze der Fabel bildet und jede Fabel nur eine Spitze haben soll, daß die Spitze möglichst senkrecht aus dem Unterbau sich erheben muß. In unserer Sammlung der äsopischen Fabeln will freilich die Moral, die in vielen Fällen wohl erst nachträglich von dritter Hand der vorhandenen Fabel angehängt ist, sich nicht immer dieser Regel fügen. Besonders schief ist z. B., wie Lessing nachweist, die Moral der Fabel von dem Manne und dem Satyr (126): „Der Mann bläst in seine kalte Hand, um seine Hand zu wärmen, und bläst in seinen heißen Brei, um seinen Brei zu kühlen. Was, sagt der Satyr, du bläsest aus einem Munde warm und kalt? Geh, mit dir mag ich nichts zu thun haben!" Dieser Fall soll lehren, daß wir die Freundschaft doppelzüngiger Leute zu meiden haben. „Anstatt daß die Handlung", führt Lessing aus, „die dem Satyr so anstößig scheint, unter dem allgemeinen Subjekte des Lehrsatzes (dem der Falschheit) wirklich begriffen sein sollte, ist sie ihm blos ähnlich. Der Mann sollte sich eines wirklichen Widerspruchs schuldig machen, und der Widerspruch ist nur anscheinend." Schief erscheint die Moral auch dann, wenn sie zu eng und insofern einseitig gefaßt ist. Was lehrt uns die Fabel vom Schwan (74)? „Ein reicher Mann hielt eine Gans und einen Schwan zugleich, doch nicht zu demselben Zwecke, sondern diesen des Gesanges, jene seiner Tafel wegen. Als nun der Gans das widerfahren sollte, um deswillen sie gefüttert worden, war es Nacht und nicht möglich, die beiden Tiere zu unterscheiden. So wurde denn der Schwan statt der Gans weggenommen. Der aber sang ein Lied, wie er es vor seinem Tode zu singen pflegt, deutete durch den Gesang seine Eigenschaft an und entging dadurch dem Tode." Wir erwarten etwa die Lehre: wer etwas kann, den hält man wert; der Schlußsatz aber lautet: „Die Fabel lehrt, daß die Tonkunst oft den Aufschub des Todes bewirkt."

So fehlt uns zum Erfinden regelrechter Fabeln nach Lessings Art nichts weiter als das Können? Zwei Winke von des Meisters Hand mögen auch für das bloße Wissen noch nicht überflüssig sein. — Ist die Fabel Aesops von der Aeffin und ihren Kindern (Nr. 173) eine gute Fabel? Hier ist ihr Wortlaut: „Die Aeffin, habe ich gehört, ist die Mutter zweier Kinder; beide bedenkt sie mit einem Geschenke: das eine mit Haß, das andere mit der ihr eigentümlichen Liebe, womit sie ihren geliebten Gegenstand unaufhörlich umschlingt und beleckt und dadurch tötet, während das gehaßte sich in die Einsamkeit zurückzieht und so der Gefahr entgeht. — Sie liefert damit den Beweis, daß Feindschaft immer noch besser ist als verkehrte Liebe." — Was fehlt daran? Es wird von einer ganzen Art ausgesagt, was von einem In-

dividuum als einzelner Fall, also in Form einer Geschichte erzählt werden
sollte. — Nur das? So wird denn gegen die nachfolgende Fabel („Der
Fischer", Nr. 156) nichts einzuwenden sein? „Ein Fischer, der sein Netz ins
Meer geworfen hatte, fing darin Fische der größten wie der kleinsten Gattung.
Wie er nun das Netz aufzog, kam er um den Besitz der kleinen, welche durch
die Löcher hindurchschlüpften. — Das Geringe kann sich leicht retten; wer
aber in Glanz und Ansehen steht, möchte den Gefahren kaum entgehen." —
An dieser Fabel findet Lessings scharfes Auge zweierlei zu tadeln. Einmal,
daß die Moral in diesem Falle zu weit gefaßt ist — nicht das natürliche
Großsein, sondern das Großseinwollen sollte als gefährlich hingestellt werden;
zum andern, daß sie im Grunde keine Handlung, sondern ein einzelnes Faktum
enthält: das Zurückbleiben der größeren und das Durchschlüpfen der kleineren
Fische, auf welches allein der moralische Lehrsatz sich gründet, so daß die Fabel
„sich ganz malen" ließe.

Was im Sinne Lessings zu einer Handlung gehört, mag daher noch
ausdrücklich hervorgehoben werden. Er bezeichnet sie als „eine Folge von
Veränderungen", von denen jede „etwas dazu beiträgt, die einzelnen Begriffe,
aus welchen der moralische Lehrsatz besteht, anschauend erkennen zu lassen",
und die eben in diesem Zusammenwirken ein Ganzes ausmachen. Das scheint
einfach und verständlich, und doch meint Lessing die Sache in einem Sinne,
auf den nicht jeder Leser im voraus gefaßt sein dürfte. Während wir wohl
alle geneigt sind, mit dem Worte Handlung im landläufigen Sinne die Vorstellung von einer Folge äußerer, irgendwie in die Augen fallender Veränder-
rungen zu verbinden, ist im Sinne Lessings auch schon „jede Folge von verschiedenen Gedanken" eine Handlung. Damit hängt es dann wieder zusammen,
daß in mancher Lessing'schen Fabel ein geistreiches Gespräch die ganze Handlung bildet, und daß es in Bezug auf den Charakter der beteiligten Tiere
manchmal schon genügt, daß eines von ihnen witzig ist. Jedenfalls tritt der
durch die eine oder die andere Auffassung einer „Handlung" bedingte Unter-
schied in der Form der Fabel deutlich genug zu Tage bei Vergleichung einer
Lessing'schen Fabel mit einer von jenen, die wohl manchem aus der Jugend-
zeit in frischer Erinnerung geblieben sind. Die 12. Fabel im III. Buche von
Lessings Fabeln, „Der Strauß" überschrieben, die uns anschaulich zeigt, wie
subjektive Urteile nur relativen Wert haben, lautet: „Das pfeilschnelle Renn-
tier sah den Strauß und sprach: Das Laufen des Straußes ist so außer-
ordentlich eben nicht, aber ohne Zweifel fliegt er desto besser. Ein andermal
sah der Adler den Strauß und sprach: Fliegen kann der Strauß nun wohl
nicht, aber ich glaube, er muß gut laufen können." Die 41. Fabel bei Aesop
(„Die Ameise und die Taube") aber lautet in der bekannten freien Ueber-
tragung: „Ein Bienchen fiel in einen Bach; das sah von oben eine Taube;
sie brach ein Blättchen von der Laube und warf's ihm zu. Die Biene

schwamm darnach und half sich glücklich aus dem Bach. Nach kurzer Zeit saß unsere Taube zufrieden wieder auf der Laube; ein Jäger hatte schon den Hahn auf sie gespannt; das Bienchen kam — pick! stach's ihm in die Hand; Puff! ging der ganze Schuß daneben. Die Taube flog davon — wem dankte sie ihr Leben?"

Es wird keinem einfallen zu leugnen, daß Lessing seine Anforderungen an die Fabel ebenso scharfsinnig als klar aufgestellt, und daß er diesen An= forderungen gemäß mit gleicher Strenge die Fabeln anderer beurteilt und die eigenen geschaffen habe; gleichwohl haben diese bei der Nachwelt nicht unge= teiltes Lob geerntet. W. Scherer (Geschichte der deutschen Litteratur) hat Worte warmer Anerkennung. „Gerade in die äußere Kürze wußte Lessing einen tiefen Gehalt zu legen, und daß man diesen ahnt in der knappen Form, daß die starken Bewegungen einer feurigen Seele darin leise anklingen, daß in diesen Gegenüberstellungen von wahrer und falscher Größe, von wirklichem und gemachtem Verdienste, in diesem Kampfe gegen den Schein, gegen die Heuchelei und Schwärmerei sich die Lebensanschauungen und auch wohl die Lebenserfahrungen des Verfassers, deutsche Gesinnung und stolzes Selbstgefühl spiegeln, das macht sie in ihren bescheidenen Grenzen zu klassischen Kunst= werken."

Gervinus ist durchaus mäßig in seinem Lobe, indem er (Geschichte der deutschen Dichtung IV.) Lessing im Spiegel seiner Zeit fast mehr entschuldigt als rechtfertigt. „Lessing konnte die Welt nicht anders stellen als sie stand; wir leben nicht mehr in den großen Uranfängen der Gesellschaft, wo große Grundlehren der Menschheit in einfachen Bildern zu lehren waren; die Fabel hatte sich dorthin gezogen, was wir Gesellschaft nennen, und dort mußte sie wohl einigen Witz geltend machen. Satirisch und witzig war die Fabel nicht nur bei Lessing in dieser Zeit, sondern bei allen; dies ist durchaus kein Unter= scheidungszeichen für seine Person, sondern für seine Zeit. Der wahre Unter= schied ist, daß die übrigen alle in ihren Fabeln witzig sein wollten und nicht waren, Lessing vielleicht nicht wollte und war. Es kam nur darauf an, daß der Scharfsinn nicht seine eigene Spitze brach, daß der Autor gesund blieb in der ungesunden Luft, und daß er den nutzlosen Flitter verschmähte. Lessing that dies, und ich zweifle, daß man bessere Fabeln in unserer Zeit machen kann als die besseren unter den seinen, bis ich welche gelesen habe."

Von besonderem Interesse aber ist das Urteil des großen Sprachforschers, auch Forschers auf dem Gebiet der Tierfabel und sinnigen Märchenerzählens aus den Tagen der Romantik J. Grimm über den scharfsinnigen Kritiker und witzigen Fabeldichter aus der Aufklärungszeit (R. Fuchs XVIII.): „Wäre Les= sings scharfsinnige Betrachtung wie in die griechische Fabel ebenso tief in die altdeutsche gedrungen und durch umfassendere historische Studien unterstützt worden, so hätten wir diesem geistreichen Mann vielleicht die fruchtbarsten

Erörterungen unserer Tierfabel zu danken. Den Abstand des Phädrus von Aesop hat er aufgedeckt, auch die Schwäche der Lafontainischen Fabel gegenüber der äsopischen blieb ihm unverborgen. Sein Irrtum lag darin, daß er in den besten griechischen Stücken den Gipfel, nicht in allen schon das Sinken und die sich zersetzende Kraft der alten Tierfabel erblickte. Zu dieser können die Apo=loge, die er selbst gedichtet, sich nicht anders verhalten als ein Epigramm in scharfzielender Gedrungenheit zu der milden und sinnlichen, von dem Geiste des Ganzen eingegebenen Dichtung des Altertums. Das naive Element geht den Lessingischen Fabeln ab bis auf die leiseste Ahnung. Zwar behaupten seine Tiere den natürlichen Charakter, aber was sie thun, interessiert nicht mehr an sich, sondern durch die Spannung auf die erwartete Moral. Kürze ist ihm die Seele der Fabel, und es soll in jeder nur e in sittlicher Begriff anschaulich gemacht werden; man darf umgedreht behaupten, daß die Kürze der Tod der Fabel ist und ihren sinnlichen Gehalt vernichtet."

Das obige Wort von Gervinus aber: „Ich zweifle, daß man bessere Fabeln in unserer Zeit machen kann als die besseren unter den seinen" — scheint mir den letzten Satz über die Fabel bei Buchner (a. a. O.) zu erläutern: „Seit der neueren Entwickelung unseres Schriftlebens ist die vorher sehr hoch= geachtete Fabel völlig zurückgetreten." In der rein didaktischen Richtung bleibt, meine ich, über Lessing hinaus nichts mehr zu leisten; wer auf's neue uns oder gar unserer Jugend mundgerechte Fabeln schaffen wollte, müßte auf breiterer Naturgrundlage gewissermaßen von vorn wieder anfangen.

3.

II. Schulnachrichten.

1. Charakter der Anstalt und Lehrkräfte.

Unsere städtische höhere Mädchenschule ist der Aufsicht der Kgl. Regierung zu Aurich unterstellt, deren schulkundiges Mitglied der Herr Regierungs- und Schulrat G. Schulze ist. Mit der Ortsschulinspektion ist der Leiter der Anstalt betraut. Das Kuratorium (Töchterschulkommission) besteht aus je 2 Mitgliedern des Magistrats: Herrn Oberbürgermeister Fürbringer und Herrn Senator T. Dreesmann Penning, und des Bürgervorsteherkollegiums: den Kaufleuten Herrn J. Graepel jun. und Herrn L. van Senden, und dem Anstaltsvorsteher; den Vorsitz führt der Herr Oberbürgermeister. — Die Schule umfaßt die 10 Jahrgänge vom vollendeten 6. bis 16. Lebensjahre in 9 aufsteigenden Klassen, von denen die erste 2jährig ist; doch werden Ia. und Ib. in der Hälfte der Stunden getrennt unterrichtet; einer vollständigeren Trennung steht weniger der Mangel an Lehrkräften als der mangelnde Raum zu einem Klassenzimmer im Wege. — Seit Ostern 1879 ist mit der Schule eine in etwa der Hälfte der Stunden in 2 getrennten Abteilungen unterrichtete Lehrerinnenbildungsanstalt verbunden, deren Gesamtkursus sich ursprünglich auf 2, seit 1885 auf 2½ Jahre erstreckt; sie dient lernbegierigen Schülerinnen, bei freier Wahl der Fächer, zugleich als Fortbildungsklasse.

Das Lehrerkollegium umfaßt die untenstehenden 12 Lehrkräfte, von denen 3 akademisch (2 theol., 1 philog.) gebildet, 4 seminaristisch gebildet — unter denen 2 pro rect. geprüft — und 5 Lehrerinnen sind; unter diesen eine Turn- und Handarbeitslehrerin.

1. A. E. Zwitzers, Leiter der Anstalt und Fachlehrer für Rel. und Deutsch, geb. 28. Febr. 1834;
2. E. Tronnier, Ordin. v. Kl. II. und Fachlehrer für Englisch, geb. 5. Jan. 1836;
3. H. Bradhering, Ordin. v. Ib. und Fachlehrer für neuere Sprachen, geb. 2. Mai 1856;
4. Frl. Em. de Luine, Ordin. v. Kl. III. und Fachlehrerin für Franz., geb. 24. Sept. 1825;
5. A. Enkelstroth, Ordin. v. Kl. IV. und Fachlehrer für Physik, geb. 26. Nov. 1842;

6. S. Martini, Ordin. v. Kl. V. und Fachlehrer für Pädagogik, geb. 6. Sept. 1850;

7. Frl. L. Spangenberg, Ord. v. Kl. VI., auch Lehrerin der neueren Sprachen, geb. 8. Febr. 1834;

8. K. Margis, Ordin. v. Kl. VII. und Gesanglehrer, geb. 17. Aug. 1846;

9. O. Rösing, Ord. v. Kl. VIII. und Verwalter der Bibliothek, geb. 3. Nov. 1863;

10. Frl. El. de Luine, Fachlehrerin für Geographie, Zeichnen und Handarbeit, geb. 7. Aug. 1828;

11. Frl. C. van Senden, Ord. v. Kl. IX., geb. 16. März 1872;

12. Frl. H. Schmidt, Turn= und Handarbeitslehrerin, geb. 7. April 1865.

2. Ueberſicht der Lehrpenſen.

Um Raum für den erſten Abdruck eines Katalogs unſerer Lehrerbibliothek zu gewinnen, mögen die Lehrpenſen diesmal nur ſoweit aufgeführt werden, als ſie von dem im letzten Programm abgedruckten Plan abweichen.

1. In der Religion iſt der Lehrplan von 1885 im weſentlichen bis heute maßgebend geblieben, nur daß bei dem faſt überreichen Stoff das Maß = halten im Wiederholen deſſen, was je in den vorhergehenden Klaſſen durch= genommen worden, aus der Not eine Tugend wird, deren ſich der Lehrer je nach der Länge des Schuljahres nach beſtem Ermeſſen befleißigt.

Die Zahl der im Laufe der 10 Schuljahre zu lernenden Geſänge be= ſchränkt ſich nunmehr auf folgende 20:

1. Ach bleib mit Deiner Gnade.
2. Allein Gott in der Höh'.
3. Auf Chriſti Himmelfahrt allein.
4. Aus tiefer Not.
5. Befiehl du deine Wege.
6. Chriſtus der iſt m. Leben.
7. Dies iſt b. Tag, den G. gem.
8. Ein feſte Burg.
9. Gelobet ſeiſt Du Jeſus Chriſt.
10. Ich habe nun b. Gr. V. 1—4.
11. Iſt Gott für mich. V. 1—3.
12. Jeſus lebt, mit ihm auch ich.
13. Jeſus m. Zuverſicht. V. 1—4.
14. Lobe den Herren.
15. Mir nach, ſpricht Chriſtus.
16. Nun danket alle Gott.
17. O Haupt voll Blut u. Wund.
18. O. hl. Geiſt, kehr. V. 1—3.
19. Sei Lob und Ehr.
20. Wie ſoll ich Dich empfangen?

2. In der Pädagogik bleibt der bisherige Lehrgang unverändert.

3. Im Deutſchen verteilt ſich das Penſum der I. Klaſſe nunmehr auf die beiden Abteilungen ſo:

Ib. Litteraturgeſchichte bis Goethe einſchl.; das Wichtigſte aus der Me= trik; Hermann und Dorothea und je ein Drama von Leſſing und Goethe. Wiederholung der Satzlehre in wöchentl. 1 Stunde. 10 Aufſätze.

1a. Nach kurzer Wiederholung der älteren Zeit die Litteraturgeschichte von Schiller bis auf die Gegenwart; Goethes Iphigenie und Dramen von Schiller; das Wichtigste aus der Poetik. Einer übersichtlichen Wiederholung der Grammatik mit vergleichender Heranziehung der entsprechenden französischen und englischen Formen wird wöchentlich 1 Stunde gewidmet. 10 Aufsätze.

Die Aufsatzthemata des letzten Jahres waren — in der Selekta a. während des Sommerhalbjahrs: Abt. I.: 1. Ueber das Erlernen fremder Sprachen als Bildungsmittel. 2. Wie sucht uns Schiller mit Tells That aus= zusöhnen? 3. Was bietet uns der 1. Gesang von Hermann und Dorothea als Einleitung zum Ganzen? 4. Die Komposition des 9. Gesangs. — Abt. II.: 1. Der Spaziergang von Schiller. 2. Nationalität und Humanität nach Zeller (in Hieckes Lesebuch). 3. Etwas vom Wesen der Fabel. 4. Goethes Dorothea als Muster deutscher Weiblichkeit. — b. im Winter für beide Abt. gemeinsam: 5. Viele Freunde zu gewinnen braucht es weniges Besinnen; doch der muß sein ein weiser Mann, der gute Freunde halten kann. 6. In den Ocean schifft mit tausend Masten der Jüngling; still, auf gerettetem Boot, treibt in den Hafen der Greis. 7. Des Knaben erster Schulgang. 8. Charakteristik Freiligraths nach vorliegenden Gedichten. 9. Man muß das Eisen schmieden, so lange es warm ist. 10. Ordnung spart dir Zeit und Müh.

In Kl. 1a.: 1. Goethes Fischer mit dem Erlkönig verglichen. 2. Der Eltern Verhältnis zu „Hermann". 3. Uebersicht des Nibelungenliedes. 4. Gudrun (Klassenarbeit). 5. Der 4. Aufzug der Iphigenie im Verhältnis zum 3. 6. Die Gab' ist zweier Gaben wert, die gegeben wird, eh' mans be= gehrt. 7. Wie wird unsere Teilnahme für das Schweizervolk im Verlauf der vier Scenen des 1. Aufzugs von „Wilhelm Tell" gesteigert? 8. Tell und Johann Parricida. 9. Warum hat Maria Stuart in ihrer Unterredung mit Elisabeth ihren Zweck nicht erreicht? 10. Die Morgenstunde hat Gold im Munde.

4. Im Französischen beschränken sich die Abweichungen von den An= gaben des letzten Programms auf Folgendes:

In Anlehnung an den Berliner Normal=Lehrplan, der die eigentliche Geschichte erst in der IV. Kl. auftreten läßt, ist sie in unserer VI. Kl. weg= gefallen, zumal der für die Geschichte vorgeschriebene Lehrplan „für die höh. Mädchenschule mit wenigstens 4 Klassen zusammen für die Mittel= und Ober= stufe" uns erwünschten Raum ließ; von den beiden dadurch frei gewordenen Stunden ist eine der klassischen und deutschen Heldensage als Vorstufe der politischen Geschichte gewidmet, die andere dem Anfangsunterricht im Fran= zösischen um so lieber zugelegt, als ein fester Grund in den Elementen der ersten fremden Sprache allen folgenden Klassen zu gute kommt.

Durchgenommen wird die größere Hälfte von Plocz' Syllabaire. — Daran schließt sich der weitere grammatische Unterricht in dieser Weise:

2*

Kl. V. 5 Stunden. Plattner Lehrgang I., §§ 1—29; Kl. IV., §§ 30 bis 56; Kl. III., §§ 57—78; Kl. II. von Lehrgang II. Uebung I.—X.; mit dem zugehörigen grammatischen und Lesestoff; desgl. Kl. I.b., Uebung XI.—XX; Kl. I.a., Uebung XXI.—XXX.

5. Im Englischen verteilt sich der grammatische Stoff nunmehr so: Kl. IV. Degenhardt I., §§ 1—34; Kl. III., §§ 35—52; Klasse II., §§ 53—75; Kl. I.b. Gesenius II., §§ 1—139; Kl. I.a., §§ 140—267.

6. In der Geschichte teilen sich die Klassen I.—V. in den vorgeschriebenen Stoff folgendermaßen:

Kl. V. a. im Sommerhalbjahr „Kleine Erzählungen aus der älteren deutschen und brandenburg-preußischen Geschichte bis zum großen Kurfürsten"; b. im Winterhalbjahr „Kleine Erzählungen aus der deutschen und brandenburg-preußischen Geschichte in der Form von Lebensbildern und Einzeldarstellungen bedeutender Ereignisse von der Zeit des großen Kurfürsten bis zur neuesten Gegenwart".

Kl. IV. Nach Wiederholung des Pensums V.b. „kleine Erzählungen aus den Sagen und der Geschichte des Altertums".

Kl. III. a. „Ausführlichere Bilder aus der älteren deutschen und brandenburg-preußischen Geschichte bis zum großen Kurfürsten"; b. „in mehr zusammenhangender Darstellung ausführlichere Bilder aus der Zeit der deutschen und brandenburg-preußischen Geschichte vom großen Kurfürsten bis zur Gegenwart".

Kl. II. Nach Wiederholung des Pensums III.b. „ausführlichere Bilder aus den Sagen und der Geschichte des Altertums".

Kl. I.b. und I.a. kombiniert: im 1. Jahre: zusammenhangende Darstellung der brandenburg-preußischen Geschichte; im 2. Jahre: übersichtliche Wiederholung der alten, deutschen und preußischen Geschichte.

7. In der Geographie erleidet der bisherige Lehrgang geringe Aenderungen in folgender Weise:

Kl. VII. Heimatkunde als Vorbereitung des eigentlichen geographischen Unterrichts, Ostfriesland, Hannover.

Kl. VI. Uebergang von der Provinz Hannover zum weiteren Vaterlaube: Preußen und Deutschland, — zugleich als Vorbereitung für den Geschichtsunterricht in Kl. V., — als Abschluß eine Uebersicht über die 5 Erdteile.

Kl. V. Wiederholende Uebersicht der 5 Erdteile und eingehendere Betrachtung Deutschlands.

Kl. IV. Wiederholung der Geographie Deutschlands mit besonderer Berücksichtigung Preußens und übersichtliche Behandlung Europas.

Klasse III. Die außerdeutschen Länder Europas und die fremden Erdteile.

Klasse II. Anfangsgründe der astronomischen und physischen Geographie und Wiederholung Deutschlands mit besonderer Berücksichtigung der engeren Heimat.

Kl. I. b. Mathematische und physische Geographie und die politische Geographie der außereuropäischen Länder.

Kl. I. a. Uebersichtliche Wiederholung der politischen Geographie aller 5 Erdteile und genauere Wiederholung Deutschlands.

8. Für Handarbeit gilt nunmehr der nachfolgende Lehrgang:

Kl. IX. 3. Stunden. Die Kinder lernen am Strickbeutelchen zuerst schlicht, dann kraus, darauf 2 Maschen schlicht, 2 Maschen kraus stricken. Ein Paar Kinderstrümpfe wird angefangen.

Kl. VIII. 3. Stunden. Die Strümpfe werden vollendet.

Kl. VII. 3 Stunden. Ein größeres Paar Strümpfe, 2 Maschen schlicht, 2 Maschen kraus, wird begonnen. Berechnung der Regeln des Strumpfes bei verschiedenen Größen. Häkeln.

Kl. VI. 3 Stunden. Selbständiges Stricken des zweiten schlicht und kraus anzufertigenden Stumpfes. Runde Häkelarbeit und Spitze.

Kl. V. 3 Stunden. Das Nähen der verschiedenen Säume wird am Nähtuch erlernt.

Kl. IV. 2 Stunden. Schräge Nähte. Am Zeichentuch wird das Wäschezeichnen erlernt; es werden der Gitterstich, der doppelte Kreuzstich und der Binblochstich geübt.

Kl. III. 2 Stunden. Zuschneiden und Nähen des Frauenhembdes.

Kl. II. 2 Stunden. Vollendung des Frauenhembdes. Beginn des Sticktuches.

Kl. I. 2 Stunden. Vollendung des Sticktuches. Flicken und Stopfen.

Für die übrigen Unterrichtsfächer bleibt der Lehrplan wie im vorigen Programm.

III. Verfügungen der Behörden,

sofern sie für die Fachkreise von allgemeinem Interesse sind.

Kgl. Provinzial=Schulkollegium zu Hannover verpflichtet unterm 5. Dec. 1891 die Seminar=Direktion zu sorgsamer Beachtung einer Verfügung des Herrn Kultusministers vom 19. Nov. 1891, wonach die Vorschrift, daß Lehramtsbewerbern, denen eine ausreichende Kenntnis der vaterländischen Geschichte, namentlich auch nach der Seele der Kulturentwickelung, fehlt, die nachgesuchte Lehrbefähigung zu versagen ist, auch für die Lehrerinnen=Prüfung Anwendung zu finden hat.

Kgl. Regierung zu Aurich übersendet unterm 9. Jan. 1892 ein Rund=
schreiben des Herrn Kultusministers vom 24. Dec. 1891, welches regelmäßige
Lüftung und Reinigung der Turnhallen anbefiehlt.

Kgl. Provinzial=Schulkollegium empfiehlt unterm 12. März 1892 die
Feier des hundertjährigen Gedenktages der Geburt des Amos Comenius.

Kgl. Regierung ordnet unterm 14. Oft. 1892 an, daß bei Neueinrichtung
von Schulklassen, sowie beim Ersatz von unbrauchbar gewordenen Thermometern
in den schon bestehenden Schulräumen stets 100teilige Thermometer anzu=
schaffen sind.

Kgl. Regierung setzt am gleichen Tage wegen Verkürzung des Schul=
unterrichts bei übermäßiger Hitze folgendes fest:

1. Wenn das 100teilige Thermometer um 10 Uhr Vormittags im
Schatten 25 Grad zeigt, darf der Schulunterricht in keinem Falle über vier
auf einander folgende Stunden ausgedehnt, und ebensowenig darf den Kindern
an solchen Tagen ein zweimaliger Gang zur Schule zugemutet werden.

2. Auch bei geringerer Temperatur ist eine Kürzung der Unterrichtszeit
notwendig, wenn die Schulzimmer zu niedrig oder zu eng bezw. die Schul=
klassen überfüllt sind.

3. Auch wenn die betr. Schulklasse während der vollen Zeit unterrichtet
wird, müssen Kinder, welche einen weiten schattenlosen Schulweg haben, von
einem zweimaligen Gange zur Schule an demselben Tage befreit werden.

4. Bei Schulen, welche geräumige schattige Spielplätze haben, kann unter
Umständen der lehrplanmäßige Unterricht durch Jugendspiele unterbrochen werden.

5. Die Entscheidung über Ausfall und Kürzung des Schulunterrichts in
jedem einzelnen Falle trifft bei mehrklassigen Schulen der Vorsteher der Schule
(Direktor, Rektor, Hauptlehrer), bei einklassigen der Ortsschulinspektor.

Unterm 3. Jan. 1893 fordert die Kgl. Regierung in Anlaß eines Schrei=
bens des Herrn Kultusministers vom 29. Dec. 1892 mit Rücksicht auf die
Weltausstellung in Chicago Arbeitshefte mit deutschen und fremdsprachlichen
Arbeiten, sowie Zeichnungen ein.

Nach einem Rundschreiben des Herrn Kultusministers vom 2. Jan. 1893,
auf welches die Kgl. Regierung unterm 11. Jan. Bericht erfordert, ist in den
Lehrerinnen=Seminaren auf Einrichtung eines 3jährigen Unterrichtskursus Be=
dacht zu nehmen.

IV. Zur Schulgeschichte.

Die beiden zurückgelegten Schuljahre (Ostern 1891/3) verliefen mit den
üblichen Ferien — zu Ostern und Michaelis je 15 Tage, zu Weihnachten

1¹/₂ Wochen, Pfingsten ¹/₂ Woche, im Juli 29 Tage — wieder insofern recht glücklich, als keine irgend erhebliche Unterbrechung des Unterrichtsganges durch Krankheit im Kreise des Lehrerkollegiums stattfand. Auch ist die Schule von epidemischen Krankheiten verschont geblieben; doch hatten wir im letzten Schuljahre zweimal den Tod einer Schülerin zu beklagen: Die von Hannover zu den Großeltern herübergekommene, für die VIII. Klasse eingeschriebene Harriet Schramm starb plötzlich eben vor dem Schulanfang, und die Schülerin der IX. Klasse Margarete Schepelmann erlag einem schmerzlichen Leiden am 2. Febr. d. J. — Von einzelnen Daten sind hervorzuheben:

1891. Am 26. Juni fand ein wohlgelungener Ausflug der Klassen I. bis VI. nebst Selekta nach Zwischenahn statt.

2. Sept. Sedanfeier in der geschmückten Turnhalle. Festredner Herr Margis.

In den Tagen 16.—20. Okt. bestanden die Lehrerinnenprüfung in Hannover für mittlere und höhere Mädchenschulen die Seminaristinnen Frl. Sophie Fastenau aus Leer, Frl. Lucie Heubült von hier, Frl. Thedina Ites aus Oldersum, Frl. Theodore Korte aus Papenburg, die Frl. Charlotte Remmerssen, Martha Scholz, Theda Uffen, Dore Woortmann und Henriette Zwitzers aus Emden.

1892. Am 27. Jan. wurde zur Feier des Geburtstages unseres Kaisers in der zur Aula ausgeschmückten Turnhalle von dem Gesanglehrer Herrn Margis mit den oberen Klassen das Tonstück „Königin Luise" aufgeführt. Die Lust der Jugend an der Aufführung und der allgemeine Beifall veranlaßte eine Wiederholung im Klubsaal am 2. Febr.

2. März. Herr Regierungs- und Schulrat Schulze unterzog die Schule einer Revision, die in dem nachfolgenden Bericht zu einem für die Anstalt erfreulichen Ergebnis führte.

8. März. Bei der Comenius-Feier hielt Herr Martini die Festrede.

5. April. Der Kollege Herr Dr. Burgatzch verabschiedet sich nach nur einjährigem Wirken, um das Rektorat an der höh. Mädchenschule in Hannov. Münden zu übernehmen.

21. April. Herr Heinr. Bradhering, Neuphilologe, geb. aus Wustrow in Mecklenburg, seit Michalis 1885 Lehrer an der Rektorschule in Gevelsberg in Westfalen, tritt an des Vorigen Stelle.

16. Aug. Der Herr Regierungs-Präsident von Stolberg beehrt die Anstalt mit einem kurzen Besuche.

2. Sept. Zur Sedanfeier hält Herr Rösing die Festrede.

19.—23. Sept. Die Lehrerinnenprüfung in Hannover bestanden: für mittlere und höhere Mädchenschulen die Frl. Theda Buck, Henni Helm, Flora Löwenstein, Gertrud Remmerssen von hier und Frl. Martha Müller aus Stendal; für Volksschulen die Frl. Luise Brells und Auguste Turne von hier.

1. Okt. Die Kolleginnen Frl. Janſſen und Frl. Keßler ſagen der Anſtalt Lebewohl, erſtere als Braut nach 5½jähriger Thätigkeit, letztere nach 2¼jäh=rigem Wirken, um eine ſehr vorteilhafte Stellung an einer Induſtrieſchule in Plauen zu übernehmen.

18. Okt. Für Frl. Janſſen tritt eine frühere Schülerin unſeres Semi=nars, Frl. v. Senden, Tochter des Seminardirektors v. Senden in Aurich, ein; an die Stelle des Frl. Keßler tritt Frl. Schmidt, Tochter des weil. Telegraphen=direktors Schmidt zu Hamburg.

1893. 27. Jan. Zur Feier des Geburtstags Sr. Maj. Kaiſer Wil=helms II. hielt der Leiter der Anſtalt die Feſtrede.

V. Mitteilungen an die Eltern.

Das neue Schuljahr beginnt Dienstag, den 11. April, morgens 8 Uhr. Den Anmeldungen neuer Schülerinnen für die Selekta und Klaſſe I. bis IX. oder Schüler für Klaſſe VII.—IX. ſind Impf= und Geburtsſcheine, bei evangeliſchen Schülerinnen Taufſcheine, beizufügen. — Die Prüfung der neu Angemeldeten findet Montag, den 10. April, morgens 9 Uhr, in der Schule ſtatt.

Emden, im März 1893.

A. E. Zwitzers.

VI. Verzeichnis der Schülerinnen.

Die mit * bezeichneten sind im Laufe des Schuljahres abgegangen.

Seminarklasse.

1. Hedwig de Beer.
2. Anna Berg.
3. Margrete Beyersdorff.
4. Anna Bork.
*5. Luise Brells, geprüft.
6. Lucie Bock.
*7. Theda Buck, geprüft.
8. Karoline Conrad.
9. Elisabeth Dinkela.
10. Johanne Goldhammer.
11. Aliba Gronewold.
*12. Henni Helm, geprüft.
13. Sophie Hennings.
14. Frida Joormann.
15. Hermine Käbler.
*16. Flora Löwenstein, gepr.
*17. Martha Müller, gepr.
18. Justine Oostermann.
19. Hanna Pels.
*20. Gertrud Remmerssen, geprüft.
*21. Emma Schepelmann.
22. Mathilde Schepelmann.
23. Katharine Sieftens.
*24. Auguste Turne, geprüft.
25. Elise ter Vehn.
26. Elisabeth Zimmermann.

Klasse I.
und zwar I a.

1. Frida Bengen.
2. Martha Brons.
3. Theda Brons.
4. Martha Ketzler.
5. Frida Langrehr.
6. Elisabeth Lolling.

I b.

*7. Gesine Albers.
8. Martha Beyersdorff.
9. Paula Bertram.
10. Sibine Bomfleur.
11. Almut Brons.
12. Anna Brons.
13. Afine Bruns.
14. Anna Cramer.
15. Dora Danger.
16. Dinchen Freese.
17. Hannchen Greiff.
18. Ella Hahn.
19. Agnes Hahn.
20. Margarete Hollander.
21. Everharbine de Jonge.
22. Frida Knotnerus.
*23. Gesine Lange.

24. Theda Lindemann.
25. Bertha Löbenbrück.
26. Anna Müller.
*27. Minna Mustert.
28. Johanne Oberberg.
*29. Marie Russell.
30. Margarete Schützler.
31. Elisabeth van Senden.
32. Sophie Sieftens.
33. Helene Veenhuis.
34. Martha ter Vehn.

Klasse II.

1. Sophie Balker.
2. Marianne Bargen.
3. Nanni de Beer.
4. Hilda Duis.
5. Martha Flotow.
6. Elisabeth Hintze.
7. Henriette Hölzenbein.
8. Adelheid Kortkampf.
9. Gerharbine Lottmann.
*10. Hebba Mansholt.
11. Magdalene Martini.
12. Luise Mibbendorf.
13. Margarete Mülder.
14. Therese Penning.
15. Dinchen Zimmermann.
16. Marie Zwitzers.

Klasse III.

1. Aleide Bobé.
2. Cornelie Cassens.
3. Regine Dauwes.
4. Almut Enkelstroth.
5. Enka Gerken.
6. Margarete Gerken.
7. Elisabeth Gronewold.
8. Emma Hahn.
9. Harriet Hofmeister.
10. Tonie Janssen.
11. Elise de Jonge.
12. Ella Langrehr.
13. Luise Meyer.
14. Helma Nordmann.
*15. Jenny Ollendorff.
*16. Deverdine Remmers.
17. Agnes Schröder.
18. Lina Schüren.
19. Johanne van Senden.
20. Else Ulrichs.
21. Annelie de Vries.
22. Wilhelmine Vollmer.

Klasse IV.

1. Ida Bertram.
*2. Klara Brells.

*3. Henni Brells.
4. Alberdine Bruns.
5. Johanne Bruns.
6. Meta Bukowsky.
7. Anna Frederikson.
8. Doris Graeser.
9. Stella Hart.
10. Marie Haynel.
11. Sophie van Heuvel.
*12. Frida Hoede.
13. Thella Hölzenbein.
14. Anna Janssen.
15. Etta Krüger.
16. Lina Last.
17. Gerharbine Lolling.
18. Aliba Nyhoff.
19. Bela Ruholl.
20. Henriette Sieftens.
21. Laletta Sikkes.
*22. Marie Starke.
23. Martha Stomberg.
24. Margarethe ter Vehn.
25. Lucie Weber.

Klasse V.

1. Ida Akkermann.
2. Julie Bargen.
3. Henriette de Beer.
4. Anna Brons.
5. Klara Brook.
6. Rosa van Cleef.
7. Helene Fisser.
8. Margarete Gerhard.
9. Sophie Hoelzenbein.
10. Ida van Hove.
11. Adolfine Hummerich.
12. Diederike Kaufmann.
13. Rosa Leers.
14. Hermine Mansholt.
15. Franziska Müller.
16. Theda Müller.
17. Auguste Mählmann.
18. Luise Niedermeyer.
*19. Helene Penaat.
20. Gisine Poppinga.
21. Ellen Richardson.
22. Ida Rudolf.
23. Else Schwalbe.
24. Helene Suur.
25. Emilie Thiele.

Klasse VI.

1. Gertrud Bakband.
2. Else Barth.
3. Cornelie Boeling.
4. Martha Bracklo.

5. Marie Dyken.
6. Eska Feenders.
7. Gerhardine Fisser.
8. Margarete Fisser.
*9. Lina Folger.
10. Klara Gerhard.
11. Fina van Goens.
12. Klara Graepel.
13. Marie Janssen.
14. Margarete Knoop.
15. Margarete Lottmann.
16. Martha Lüpkes.
17. Henriette Müller.
18. Johanne Müller.
19. Amka Ontjes.
20. Dea Ringena.
21. Fanny Ruhl.
*22. Elisabet Starcke.
23. Ida Theilen.
24. Margarete Theessen.
25. Laura Ulrichs.
26. Anni Visser.
27. Christine Zwitzers.

Klasse VII.
a. Mädchen.

1. Sophie de Beer.
2. Frisia Bobé.
3. Elisabet Bukowsky.
4. Bella Cummings.
5. Johanne Dammeyer.
6. Marie Dreischuch.
7. Ottilie Dyken.
8. Gerhardine Geerds.
9. Anna Gerken.
10. Anna Hemmen.
*11. Gertrud Hoede.
12. Frida van Heuvel.
13. Henriette de Jonge.
14. Margarete Klöftorn.
15. Helene van Lengen.

16. Mathilde Mählmann.
17. Anna Munderloh.
18. Ida Mustert.
19. Anna Niedermeyer.
20. Anna Ringena.
21. Anni Tooley.
22. Theda Ulrichs.
23. Jelste Weerda.

b. Knaben.

1. Heinrich Brons.
2. August Enkelstroth.
3. Heinrich Fürbringer.
4. Friedrich van Heuvel.
5. Gerhard Janssen.
6. Johannes Mansholt.
7. Fritz Melles.
8. Wilhelm Mülder.
9. Friedrich Scholz.
10. Otto von Steuber.
11. Hans Stosch.
12. Alfred Tooley.
13. Heiko Balk.
14. Christian Wrede.

Klasse VIII.
a. Mädchen.

1. Hedwig Burchardi.
2. Elisabet Dammeyer.
3. Katharine Evans.
4. Elsa Hinrichs.
5. Sophie Knoop.
6. Elisabet Matthies.
7. Ida Müller.
8. Annie Richardson.
9. Adelheid Schüßler.
*10. Emma Starcke.
11. Fanny Balk.
12. Erna Zurborg.

b. Knaben.

*1. Max Bauermann.
2. Matthäus Bauermann.
3. Frederick Cummings.
4. Peter Duhm.
*5. Morton Evans.
6. Wilhelm Klaaßen.
7. Arnold Poppinga.
8. Samuel Richardson.
9. Jan Ringena.
10. Hermann Saffenberg.
11. Waldemar Stosch.

Klasse IX.
a. Mädchen.

1. Elubie Bauermann.
2. Henny van der Brelie.
3. Imina Brons.
4. Heilwine de Jonge.
5. Marie Knoop.
6. Anna Lange.
7. Martha Matthies.
8. Marie Niedermeyer.
9. Jeanette Poppinga.
10. Marg. Schepelmann. †
11. Charlotte Schröber.
12. Jessie Simpson.
13. Aafkea Visser.
14. Marie ter Behn.
15. Elisabet Wiggers.

b. Knaben.

1. Alfred Fink.
2. Alex Haller.
3. Johannes Huizenga.
4. Emil Last.
5. William Paulsen.
6. Walther Schwalbe.
7. Karl ter Behn.
8. Wilhelm Visser.
9. Bernh. Zimmermann.

Verzeichnis der Bücher
der Lehrer-Bibliothek der höheren Mädchenschule in Emden.

Religion.

550d. **Bodemann, Fr. W.** Bibl. Geschichte von H. van Senden.
363. **Conard, Hermann.** Die Apostelgeschichte des Lukas.
408. **Dörpfeld, Fr. W.** Enchiridion der bibl. Geschichte.
339. **Eckhardt, Ernst.** Prakt. Erklär. d. f. d. Volksschule wichtigst. Kirchenl.
589. **Fauth u. Köster.** Ztsch. f. d. ev. Religionsunterr. (Jahrg. 1890 u. 1891.)
534. **von Gerlach, Otto.** Die hl. Schrift mit Einl. u. erkl. Anm. (3 Bde.)
456. **Hagenbach, Dr. K. R.** Kirchengeschichte (Bde. 1—3).
587. **Heuermann u. Zwitzers.** Uebersicht der Geschichte der christl. Kirche.
187. **Kalchreuter, K. L.** Leitfaden der Kirchengeschichte.
611. **Kleinert, Prof.** Zur christl. Kultus= u Kulturgeschichte.
230. **Knipfer, J.** Das kirchl. Volkslied.
461. **Kolbe, Prof. Lic. Dr. R.** Evangelisches Monatsblatt (12 Jahrgänge).
313. **Köstlin, Jul.** Luthers Leben.
270. **Kuntze, A.** Katechisationen über bibl. Geschichten. (2 Bde.)
455. **Kurz, Dr. Joh. Heinr.** Lehrbuch der Kirchengeschichte. (2 Bde.)
582. **Linder, G.** Reformationsgesch. einer Dorfgemeinde.
388. **Mezger, K. L. Fr.** Hilfsbuch zum Verständnis der Bibel.
449. **Neumann, R.** Religionsbuch. (Mittelstufe.)
30. **Nöldecke,** Gesangbuch.
90,92. **Reinecke, H.** Bibl. Geschichten.
624. **Rosenmüller.** Handbuch der bibl. Alterskunde. (4 Bde.)
452. **Rotteck, T.** Unterredungen über 17 Gleichnisreden Jesu.
93. **Schauenburg u. Erk.** Schulgesangbuch.
427. **Schultze, Dr. th. Leop.** Katechetische Bausteine.
458. **Schulze, Georg.** Die einheitl. Christenlehre.
227. **Schütze, Dr. Fr. W.** Praktische Katechetik.
550b. **v. Senden, H.** Fragen u. Aufg. zur bibl. Gesch.
578. — —, Hülfsbuch zur bibl. Geschichte.
560. **Sohm.** Kirchengeschichte im Grundriß.

— 29 —

319. **Wiese,** Dr. L. Pädag. Ideale und Proteste.
395. **Wiget, Ph.** Die fünf formalen Stufen.
579. **Willms,** Lehrplan der vollentwickelten h. Mädchenschule.
 98. **Wöblen,** Aus der Mädchenschule.
 85. **Wrampelmeyer,** Denkschrift.
392. **Wychgram,** Dr. J. Vives.
390. Zur Schulgesundheitspflege vom Berliner Lehrerverein.
248. **Ziller's** Jahrbuch für wissenschaftl. Pädag. v. Dr. O. Altenburg. 1880.
258, 300, 325, 400, 401. Dasf. Jahrgang 1881—1886.
323. **Zillessen, Fr.** Zur Schulaufsichtsfrage.

Deutsch.

152. **Armknecht,** Dr. W. Eklogen.
242. **Baron, Junghanns** u. Schindlers's Deutsche Sprachsch. 1.—7. Heft.
311. **Barthel, K.** Vorlesungen über die deutsche Nationallitt. b. Neuzeit.
373. **Bauer, F.** Hülfsbuch f. b. Unterr. in der Litt. (3 T.)
626. **Baumgartner, A.** Joost van den Vondel, f. Leben u. f. Werke.
487. **Behagel,** Dr. O. Die deutsche Sprache.
621. **Binder,** Dr. W. Die Aesop'schen Fabeln. (Deutsch.)
185. **Böhme, A.** 1., 2. u. 3. Stufe des Schreiblesens.
617. **Boner, U.** Edelstein. (Ausg. v. Fr. Pfeiffer.)
618. — —, Edelstein. (Ueberf. v. Dr. M. Oberbreyer.)
281. **Bülthaupt, A.** Dramaturgie der Klassiker.
153, 154, 264. **Buschmann,** Dr. J. Deutsches Lesebuch. 3 Bde.
265. — —, Leitfaden f. b. Unterr. in b. deutsch. Sprachl.
483. — —, Lessing's Laokoon.
269, 337, 338, 563. **Dietlein** 2c. Aus deutschen Lesebüchern. (4 Bde.)
605. **Doornkaat Koolman, J.** ten. Wörterbuch b. Ostfr. Sprache. (3 Bde.)
306. **Eberhardt, K.** Die Poesie in der Volksschule.
535. **Eckermann, J. P.** Gespräche mit Göthe.
144. **Ebert, J.** Chronolog. geordn. Samml. beutsch. Dichtungen.
485. **Eichendorff, J. von.** Aus dem Leben eines Taugenichts.
486. — —, Gedichte.
255. **Erbach, J.** Deutsche Sprachlehre.
437. **Fechner, A.** Deutsche Fibel. (Ausg. A.)
229. **Fischart, Joh.** Ausgewählte Schriften. 2 Bde.
197. **Fulda, K.** Leben Charl. v. Schiller.
489. **Geistbeck,** Dr. M. Historische Wandlungen in unserer Muttersprache.
 15. **Gellert.** Fabeln.
11, 12. **Göbecke,** 11 Bücher beutscher Dichtung. 2 Bde.
 18. — —, Deutsche Dichter von 1813—43.

3

559. **Wildenbruch, E. von.** Die Quitzows.
65—70. **Wirth, Lesebuch für höh. Töchterschulen.** (I.—VI.)
158, 288. — —, Leitfaden der Litteraturgesch.
289, 333. — —, Leitfaden f. d. Unterr. in der deutsch. Poetik. (2 Expl.)
532. Zeitschrift für den deutschen Unterricht v. Lyon. (2. u. 3. Jahrg.)

Französisch.

183, 208. **Athalie, von Racine.** (2 Expl.)
112. **Beneke, A.** Franz. Vorschule. (2 Expl.)
113. — —, Franz. Schulgrammatik.
491. **Berger, H.** Franz. Lesebuch für die Unterstufe.
404. **Bohm, E.** Franz. Sprachschule I.
17. **Boiste.** Dictionaire.
291. **Bretschneider, H.** La France.
257, 467. **Connor, J.** Franz.-Deutsch-Engl. Konversation. (2 Expl.)
596. **Géruzez, Eugène.** Hist. de la Litt. Franç. (1. u. 2. Tl.)
174. **Güth, Dr. A.** Franz. Lesebuch, mittl. Stufe.
352, 403. — —, Franz. Lesebuch, unt. Stufe. (2 Expl.)
131. **Heiner, Dr. W.** Lehrbuch der franz. Sprache. 2. Kursus.
211. **Keller, Karl.** System. franz. Sprechübungen.
444. **Knörich, Dr. W.** Sammlung Molière'scher Lustspiele I.
42. **Kreyssig, Franz.** Litteraturgesch.
202. **Mme Brée,** Les contes de la bonne maman.
155. **Magnin u. Dillmann,** Elementarbuch.
251. **Mätzner, Ed.** Franz. Gramm.
207. **Maistre, H. de.** La jeune Sibérienne.
89. **Meunier,** Uebungsbuch in der franz. Sprache.
310. **Meurer, Dr. K.** Franz. Synonymik.
177. **Mejer, Sophie.** Materialien zur Konversation.
543. **Meyer, Dr. A.** Gottfr. Ebeners franz. Lesebuch.
206. **Molière,** Le Malade Imaginaire.
405. **Otto, Dr. E.** Franz. Lesebuch I.
490. — —, Franz. Sprachlehre.
595. **Paris, Gaston.** Litt. Française.
504. **Plattner, Ph.** Lehrg. der franz. Sprache. (1. u. 2. Teil.)
540. — —, Sammlung franz. Gedichte.
79. **Ploetz, Dr. C.** Syllabaire.
80. — —, Elementarbuch.
81. — —, Grammatik.
212. — —, Nouvelle gramm. Française.

402. **Oeple, S.** Lehrbuch der engl. Sprache I.
513. **Otto, Dr. E.** Kleine engl. Sprachlehre.
129. **Plate, H.** Lehrbuch der engl. Sprache.
96. **Ritter, Engl.** Lesebuch.
296. **Saure, Dr. H.** Engl. Lesebuch.
41. **Scherr, Engl.** Litteraturgeschichte.
332. **Seamer, M.** Shakespeares Stories.
163. **Schmarje, Joh.** Garland of Engl. Poesy.
192. **Schultze, Dr. M.** English Readings.
97. **Stoddart,** The Eskdale herd-boy.
101. **Toeppe, Adolphine.** English Poetry.
54. **Wedgwood,** Dictionary.
128. **Weischer, Dr. Theod.** Lehrbuch der engl. Sprache.
380. — —, Schulgramm. der engl. Sprache.
209, 245, 256, 297. **Wiemann, Dr. A.** Engl. Schülerbibl. 1.—10., 13., 14. B.
40. **Zimmermann, Engl.** Synonymen.

Geschichte.

216. **Andrä, J. C.** Grundriß der Weltgeschichte.
599. — —, Erzählungen aus der deutschen Geschichte
600. — —, Erzählungen aus der Weltgeschichte
601. — —, Abriß der Weltgeschichte ⎱ von L. Sevin.
602. — —, Leitfaden der deutschen Geschichte
24. **Beck, Dr. Jos.** Gesch. der Griechen und Römer.
138. — —, Lehrbuch der allgem. Geschichte I.
501. **Biedermann, Dr. K.** Deutsche Volks- und Kulturgesch.
495. **Bornhak, F.** Kaiserin Augusta. (Volks- und Jugend-Ausgabe.)
548. — —, Die Fürstinnen auf dem Throne der Hohenzollern.
512. **Brosien, Dr. H.** Preußische Geschichte. (1. Teil.)
61. **Engel, Dr. Ed.** Königin Luise.
577. **Ergänzungen** zum Seminar-Lesebuch. 11 Expl.
417. **Freiheit** der Friesen im Mittelalter.
372. **Freitag, G.** Bilder aus der deutschen Vergangenheit. (4 Bde.)
627. **Fürbringer.** Die Stadt Emden in Gegenwart und Vergangenheit.
178. **Goldschmidt, P.** Geschichts-Tabellen.
521. **Grube, A. W.** Charakterbilder aus der Geschichte und Sage.
168. **Hahn, Dr. Ludw.** Gesch. des preuß. Vaterlandes.
394. **Hoffmeyer u. Hering.** Erzählungen aus der Weltgeschichte.
544. — —, Erzähl. a. d. Weltgesch. Mittelschulen. Ausg. B. 3 Teile.
505. **Holdermann u. Setzepfandt.** Bilder und Erzählungen aus der allgem. und deutschen Geschichte.

614. **Houtronw.** Ostfriesland vor 150 Jahren.
267. **Jäger, O.** Geschichte der Römer.
468, 500. — —, Weltgeschichte. 4 Bde.
622. **Jenkner, Dr. H.** Die wicht. Ereign. d. Gesch. in 170 Jahreszahlen.
572. **Kauffmann, Dr. F.** Deutsche Mythologie.
47. **Kirchner, Dr. O.** Grundriß der Mythologie.
13. **Kohlrausch, Dr. Fr.** Deutsche Geschichte.
136. **Krüger, C. A.** Bilder aus der Weltgesch. und Sage.
218, 219. — —, Geschichtsbilder für Volksschulen. 2 Ex.
220. — —, Die Weltgeschichte in Biographien und Skizzen.
526. **Ludwig, H.** Straßburg vor 100 Jahren.
16. **Menzel, K.** Geschichte des rheinischen Städtebundes.
597. **v. Moltke.** Geschichte des deutsch-franz. Krieges.
43. **Müller, D.** Leitfaden zur Geschichte des deutschen Volkes.
477. **Müller, Wilh.** Kaiser Wilhelm.
478. — —, Generalfeldm. Graf Moltke.
161. **Netoliezka, Prof. Dr.** Kurzgef. Mythologie der Griechen und Römer.
436. **Normann u. Steinmann.** Bilder aus der deutschen Geschichte.
549. **Pierson, W.** Preuß. Geschichte. 2 Bde.
167, 199. **Polad, F.** Geschichtsbilder. 2 Expl.
237, 277, 314, 445. **Ranke, L. von.** Weltgeschichte. 9 Bde.
555. **Rogge, Dr. B.** Christl. Charakterbilder aus d. Hause d. Hohenzollern.
573. — —, Das Buch von den preuß. Königen.
575. — —, Generalfeldm. Graf Molke.
64. **Schmidt, Ferd.** Leitfaden der Brandenburg-Preuß. Geschichte c.
479. **Schoene, Dr. G.** Griech., Röm., Deutsche Mythen und Sagen.
21. **Schuster, C.** Sagen des Harzes.
111. **Schwebel, Oscar.** Culturhist. Bilder aus d. alten Mark Brandenburg.
268. **Stade, L.** Deutsche Geschichte. 2 Bde.
409. **Stockhausen, Marie.** Sagen u. Gesch. aus d. Altertum u. Mittelalter.
514. **Welter, Dr.** Lehrbuch der Weltgeschichte. 3 Bde.
31, 145. **Wernicke, Dr. C.** Lehrbuch der Weltgeschichte. 2 Expl.
82, 215. — —, Leitfaden für den Geschichtsunterricht. 2 Expl.
371. **Witt, C.** Griech. Götter- und Heldengeschichten.
558. **Wulf, Dr. J. E.** Sanct Willehad.

Geographie.

351. **Baenitz u. Kopka.** Lehrbuch der Geographie. I.
586. **Becker, C.** Die Sonne und ihre Planeten.
72. **Brennecke, Dr. W.** Die Länder an der untern Donau.
334. **Daniel.** Leitfaden für den Unterr. in der Geographie.

382. **Daniel.** Lehrbuch der Geographie. (2 Expl.)
358. **Falkenstein, Dr. J.** Afrikas Westküste. I.
359. **Fritsch, Dr. G.** Südafrika bis zum Zambesi. I.
391. **Geistbeck, Dr.** Grundzüge der Geographie.
457. **Guthe.** Lehrb. der Geographie, v. H. Wagner. 4. Aufl. (2 Bde.)
345. **Hartmann, Prof. Dr. R.** Die Nilländer.
346. — —, Abessinien 2c.
536. **Heims, P. G.** Unter der Kriegsflagge des deutschen Reiches.
172. **Heß, G.** Leitfaden der Erdkunde. Europa.
562. **Heßler, C.** Die deutschen Kolonieen.
348. **Jung, Dr. K. E.** Der Weltteil Australien. (4 Bde.)
470. **Kirchhoff, Alfr.** Schulgeographie.
221. **Krüger, C. A.** Schulgeographie in Abrissen und Charakterbildern.
222. — —, Geographische Bilder.
298. **Laan, A. K. van der.** Spez. Heimatkunde von Bederkesa.
448. **Lehmann, Dr.** Geograph. Schulbuch.
22. **Meier, Herm.** Ostfriesland.
273. **Neumann, G.** Geographie.
347. **Ochsenius, C.** Chile, Land und Leute.
541. **Oehlmann, Dr. E.** Landeskunde von Braunschweig und Hannover.
266. **Richter, Dr. J. W. O.** Leitfaden f. d. ersten Unterr. in der Erdkunde.
557. **Riedel, O.** Grundlehren der astronom. Geographie.
525. **Ruge, Dr. S.** Kleine Geographie.
566. — —, Vorträge zur Geschichte der Erdkunde.
463. **Rustmann u. Vollmer.** Heimatkundl. Unterricht.
360. **Sellin, A. W.** Das Kaiserreich Brasilien. I. u. II.
574. **Vogeler, Dr. A.** Grundriß der allgem. Geographie.
517. **Volz, Dr. Berth.** Geograph. Charakterbilder. (Deutschl. und Europa.)
349. **Waldeck, Fr. Meyer von.** Rußland. I.
350. **Willkomm, Dr. Mor.** Die pyrenäische Halbinsel. I., II.

Naturwissenschaften.

123. **Auerswald, B.** Botanische Unterhaltungen.
263, 567. **Bachmann u. Breslich.** Lehrbuch der Physik u. Chemie. 2 Expl.
213. **Baenitz, Dr. C.** Handbuch der Botanik.
294. — —, Lehrbuch der Chemie und Mineralogie.
480. Beschreibung der Telegraphen-Apparate.
86. **Bopp, Prof. C.** Das Wichtigste aus der Naturlehre.
355. **Brehm's** Tierleben. 10 Bde.
430. **Busemann, L.** Naturkundl. Volksbücher. 2 Bde.
133. **Crüger, Dr. J.** Lehrbuch der Physik.

.